现代搏击入门丛书

# 合气道运动入门

邢　悦　编著

人民体育出版社

图书在版编目（CIP）数据

合气道运动入门 / 邢悦编著. -- 北京：人民体育出版社, 2012（2024.1重印）
（现代搏击入门丛书）
ISBN 978-7-5009-4250-4

Ⅰ. ①合… Ⅱ. ①邢… Ⅲ. ①合气道－基本知识
Ⅳ. ①G886.7

中国版本图书馆CIP数据核字(2012)第053029号

*

人民体育出版社出版发行
三河紫恒印装有限公司印刷
新 华 书 店 经 销

*

850×1168 32开本 4.5印张 98千字
2013年1月第1版 2024年1月第4次印刷
印数：10,001—12,000册

*

ISBN 978-7-5009-4250-4
定价：19.00元

社址：北京市东城区体育馆路8号（天坛公园东门）
电话：67151482（发行部） 邮编：100061
传真：67151483 邮购：67118491
网址：www.psphpress.com
（购买本社图书，如遇有缺损页可与邮购部联系）

# 出版说明

随着社会文明程度的不断提高，搏击运动这种集强身健体、磨炼意志、陶冶情操、防身抗暴于一体的对抗性体育运动形式，正以其独特的风格，越来越广泛地引起世人的瞩目。

《现代搏击入门丛书》是专门为广大青少年搏击爱好者所设计的入门级图书。考虑到广大搏击爱好者的不同需求，我们收录了具有代表性的散打、跆拳道、截拳道、泰拳、拳击、柔道、空手道、合气道、中国式摔跤等九个现代较为热门的搏击项目。从这九个现代热门的搏击项目当中，广大搏击爱好者可以看到各个项目的精妙技法，领略到各具特色的搏击风格，还可以根据丛书中的动作图示进行系统的学习和训练。

本套丛书的作者都是专门从事各个项目的专业教练、专业教师。他们有极其丰富的教学经验，通过看他们的图书，能够使读者尽快地掌握各个项目的精妙绝技，从而跨入现代搏击的大门。

# 目 录

# 第一章　合气道运动概述

合气道是源自于日本的传统古武术，脱胎于传统古柔术——大东流合气柔术的近代新兴武道。是合气道创始人或称开祖大先生——植芝盛平（1883—1969年）通过穷其一生修习钻研各种日本传统武术和精神的修行而创造出来的身心锻炼方法。

关于“合气”一词的解释，说法不一。有学者考据，在日本古文献中，很早就出现了“合气”一词。但目前，多数人认可的解释是，“合”即协调、融合。“气”与汉语中的气字所包含的意义有相同之处也有微小的差别。但不同于中国道家丹道和武术的“内气” 和“气功”。而是大自然万物生命本源的“生命气息”或者说“生机”。还有一种为多数人理解的呼吸之气。合气道开祖及众多前辈们都曾解说：连结心（意识）、体（身体）、技（技法）的媒介即是呼吸。而“道”是指方法、途径。综上所述，“合气道”的概念就是协调自身身心、协调自然万物，融入自然造化，生命创造本源的方法和途径。由此也可看出，合气道所强调和追求的至高境界，已超越了技击格斗的初级层次，与中国历代杰出武术家所提倡的“技击是末节，由拳入道方是终极追求”的理念相一致。

合气道摒弃了通过暴力对抗的方式与他人争强弱、分输赢，而是通过相互切磋，不断习练合气道技法的过程，达到追求完善自我，外修其身，内正其心，最终达到身心高度和谐统一的目的。

尽管合气道不注重胜负之争，但用于技击防身则功效独特显著。因其技法原理设计巧妙，符合人体的生理构造及运动力学。通过习练，不仅培养人的协调及爆发能力（即所谓的“呼吸力”）。更能巧妙利用对手的力量，借力发力，顺势而为。真正做到“以小搏大，以弱胜强”；技艺高超者可以随心所欲地任意施展技法，甚至面对多人攻击时，仍能做到从容不迫，游刃有余。在遭遇歹徒突然施暴时，能敏锐地感知或预知对手的意图，敏捷快速地躲避对手的攻击。尤其对于女性等力气弱小的人士，遭遇歹徒突然施暴时，需要的不仅仅是以弱胜强的技术，而是能够沉着冷静地应对突发意外的心理素质。这些能力素质的培养，都可以通过合气道的锻炼来获得。因此，合气道尤其适合女性防身自卫。而且，在全世界很多国家和地区，合气道是军、警、安保人员甚至特种部队的必修格斗术。由此可见，合气道作为技击格斗的实用性和有效性。

另外，合气道的身形动作以及圆融如意的技法，处处契合大自然的法则，所以根据自身的体力和身体条件，男女老少都可以选择适合自己的练习内容。

昭和初期开祖创立了合气道，后来又经过二代道主植芝吉祥丸（1921—1999年）的推广发展，将其普及到了世界各地。时至今日，合气道这门“优雅武道”、优秀的身心锻炼之道，已在世界各地流行和发展，练习合气道的人数也在不断地增加。

## 第一节　合气道简史

合气道是开祖植芝盛平通过钻研日本的传统武术，并经过严格的精神修养而开创的现代武道。明治 41 年（1908 年），植芝盛平取得了后藤派柳生流柔术的许可后，在明治 44 年（1911 年）作为北海道开拓者，开始学习大东流柔术。随后，受大苯教出口王仁三郎的影响，于大正 8 年（1919 年）在京都府绫部开设修行道场——植芝塾。

## 一、从皇武会到合气会的发展

终于迈入新境界的植芝盛平体会到武道的真谛在于“合气之道”。昭和 2 年（1927 年），植芝盛平举家来到东京，随后在现在的东京都新宿区若松町设立了合气道专门道场——皇武馆（现在的本部道场）。昭和 15 年（1940 年）作为公益法人被承认后，财团法人皇武会成立。翌年，于茨城县岩间町设立室外道场，全力培养普及合气道的基础爱好者，昭和 17 年（1942 年），首次使用了“合气道”的名称，昭和 23 年（1948 年）通过组织的改编，成立了财团法人合气会，并以此作为新的起点。

## 二、二代道主植芝吉祥丸

昭和 23 年（1948 年），代替开祖就任本部道场长的植芝吉祥丸（1921—1999 年）开始积极地向日本全国开展合气道推广工作。在全国设立分部道场，在大学成立合气道社团并向社团派遣指导者。昭和 35 年（1960 年），合气会主办了第一届演武大会。昭和 44 年（1969 年），开祖去世，植芝吉祥丸继任二代道主，并致力于将合气道向海外推广。昭和 51 年

（1976 年），全日本合气道联盟、国际合气道联盟（IAF）成立，从而奠定了合气道的发展基础。

平成 11 年（1999 年），二代道主去世，植芝守央（1951 年—　）继任第三代道主，之后合气道得到了进一步的发展。现在除了日本国内，全球有 95 个以上的国家都开展了合气道道场，练习合气道的人群更是逐年增多。

## 三、合气道历史年表

1883（明治 16 年）年，开祖·植芝盛平出生。

1908（明治 41 年）年，坪井政之辅授予植芝盛平后藤派柳生流柔术的许可。

1911（明治 44 年）年，植芝盛平作为北海道开拓者迁至北海道。结识武田惣角，开始学习大东流柔术。

1919（大正 8 年）年，植芝盛平于京都府绫部结识大本教出口王仁三郎，设立修行道场——植芝塾。

1931（昭和 6 年）年，植芝盛平于东京都新宿区若松町设立专门道场——皇武馆。

1940（昭和 15 年）年，财团法人皇武会成立。

1942（昭和 17 年）年，使用“合气道”的称谓。

1948（昭和 23 年）年，财团法人合气会成立。植芝吉祥丸就任本部道场长。

1960（昭和 35 年）年，合气会主办了第一届演武大会。

1969（昭和 44 年）年，开祖去世，植芝吉祥丸继任道主。

1976（昭和 51 年）年，全日本合气道联盟、国际合气道联盟成立。

1977（昭和52年）年，第15届全日本合气道演武大会在日本武道馆举办。

1986（昭和61年）年，植芝守央就任本部道场长。

1999（平成11年）年，二代道主去世，植芝守央继任道主。

## 四、合气道的流派

合气道创立于开祖植芝盛平，发展于二代道主植芝吉祥丸，兴盛于现任道主植芝守央的日本财团法人合气会，是世界范围内最大的合气道组织。1976年便成立了全日本合气道联盟、国际合气道联盟（IAF）。全日本合气道联盟掌握着日本国内90%的合气道组织，在全日本各地均有支部、道场。而国际联盟现有80多个加盟国和地区，我国台湾地区及香港地区即是该联盟成员。

目前，在全世界有95个国家或地区逾千万人在练习合气道。日本财团法人合气会是世界范围内绝大多数合气道团体和练习者公认的最高合气道领导机构。

另外，在日本国内以及世界范围内尚有一些植芝合气道的分支，与财团法人合气会关系或远或近，但并没有隶属关系。这些分支的创立者都是合气道开祖植芝盛平的弟子。因对武技的理论、理念的理解差异或人事关系等因素，与合气会脱离了关系。其中，较为知名的有：

滕平光一的“气的研究会”。还有另一个别称“身心统一合气道”。滕平光一是开祖植芝盛平授予的第一个合气道十段。是初期合气会本部道场最杰出的师范之一。该流派注重禅坐与呼吸吐纳。初建于二战后的夏威夷。

富木谦治的“日本合气道协会”又称为“富木流”。富木谦治与“养正馆”创立者望月禾稔在向开祖植芝盛平学习合气道之前，同属于柔道“讲道馆”，师从柔道创始人嘉纳治五郎学习柔道。富木最初协助开祖整理、编辑并出版了大量论述合气道技术的书籍教材。富木由于受西方体育教育、竞技等思想的影响较深，将体育训练理论、方法以及竞技引入了“富木流”合气道。所以“竞技合气道”是“富木流”的特征。

望月禾稔的“养正馆”。望月禾稔曾是柔道创始人嘉纳治五郎“讲道馆”的高足，与富木谦治一起被推荐至开祖处学习合气道。并潜心学习剑道、杖道等其他日本武道。望月禾稔将柔道、空手道等其他武道技法引入“养正馆”合气道。“养正馆”创立于日本，兴盛于以法国为中心的欧洲地区。

盐田刚三的“养神馆”。盐田刚三也曾学习过柔道。后师从开祖学习合气道 8 年。虽身材矮小瘦弱，但极具武学天赋。曾在二战后第一次举行的日本武道大会上，代表合气道公开演武，使合气道在当时的日本社会各阶层盛名大彰。被公认为合气道界首屈一指的大师，有“神技”的美誉。现在，日本自卫队、警察部队所习练的合气道就是“养神馆”的合气道。

## 第二节　合气道特点

合气道与中国武术以及世界各地的格斗技击技术相比较，在技法、技术和理念上有明显的不同。总体上看有如下几个显著特点。

## 一、提倡理解尊重，不设比赛

### 1. 尊重对手

合气道的精妙，在于摔倒和被摔倒的练习中相互切磋，从而提高自己的技术水平。比如两个水平不同的人在一起练习，合气道注重和对手的协调，将技法做得规范。所以水平较高的一方，就要通过自身的改变以弥补对手的不足。相反，水平较低的一方则要尽可能追赶上高水平的对手。和高级别的对手练习，水平较低的人自然能够提高。对于高级别的练习者，可以提高技法的精确度，以至于无论什么样的对手都能够应对，另外也可以提高察觉对手的能力。这样相互尊重，磨炼自己，也正是合气道的目的所在。

### 2. 尊重理解

合气道中“尊重理解”的精神，是有益于和谐社会建设的。在合气道练习中，如果对手后退则自己要向前配合，如果对手进攻，则自己要施展技法将对手施加的压力化解。这种相互配合、和谐统一的技法思想就是合气道的根本。如果不与对手协调配合，合气道的技法也就无法实施。在社会生活中，人与人之间的关系是非常复杂的。如果不懂得相互理解、相互谦让的话，人与人之间的关系将矛盾重重，我们的社会也将混乱不堪。但如果我们能站在合气道“尊重理解”的基础上与人相处，我们的社会将会变得平稳、和谐。

### 3. 不将比赛作为目的

合气道不同于其他武道，没有将争夺输赢胜败作为比赛竞技的目的。而是两个人从相对的位置开始，一方先发动攻击，另一方按照左右的顺序施展技法化解对手的攻击并将其摔倒或压制，然后和对手交换攻守角色。合气道的练习就是这样相互充当取方（防守）、受方（攻击）来进行的。合气道提倡通过这种反复磨炼技法的方式，相互协调，相互帮助，共同提高。而不是争强好胜、好勇斗狠、骄横狂妄。

如果将合气道竞技化，必然要导入规则。因此也就必然会受到规则的约束。在规则允许的范围内怎样做才能赢得胜利成了比赛的目的，这也就会造成比赛双方为达比赛目的而不择手段，从而导致伤害事故的发生。这种做法有悖于合气道“仁爱、不争”的初衷。这就是合气道不设比赛的原因。

## 二、防守反击，制而不杀

合气道从技术上来说，属于防守型武术。没有主动进攻的技术。在理念上也反对主动进攻他人。注重在防守时，通过使用当身（击打）、摔投、擒拿等各项技术进行反击。在技术使用上强调借力打力、顺应自然、以柔克刚、以巧制胜。在理念上更强调，即使对手怀有再大的敌意，也应以理解尊重、感化对手，通过克制包容，消除其敌意为先。不得已非要使用技法，也要尽量做到“制而不杀”。开祖曾说：“即便通过武力降服对手，也无法彻底化解其敌意和报复之心。通过感化，化解敌意之心，才是武道的极意！”这正如中国孙子兵法所云：攻心为上。

## 三、没有套路，对练为主

合气道的主要技术（体术）多以模拟日常生活中遭遇侵害的情形而有针对性地设计。并且，追求“效法自然、顺应万变”的武道极致境界。因此，与中国传统武术或者国外其他武道不同，没有固定的套路或所谓“品式”。习练方式以两人对练为主。

## 四、协调身心，注重修养

合气道有着“智慧武道”“运动的禅”之美誉。原因是，合气道摒弃了其他格斗技击术的暴戾，不执著于一拳一脚的得失输赢，以避免习武者产生争强好胜、好勇斗狠的心态。超越了纯粹的技击层面，进而追求更高的精神境界。正如现任道主植芝守央先生所说：“合气道练到最高境界就无法断言你能变成什么样子。”但是我想开祖所倡导的“做至诚之人”是合气道的目的，也是合气道的作用，所谓“至诚之人”就是指“拥有至诚之心，且懂得平衡的人”。我们也正是为此而练习合气道的。即便最终未必能够成为“至诚之人”，但最重要的是要不断地、真诚地追求这种境界。

极致、无敌。如果能够达到自我的极致，自身、他人、社会、甚至大自然都会融为一体。这样就不会与人产生对立，敌人也自然没有了。

“清澈”的含义。合气道中有所谓“清澈”的极致。如旋转陀螺的中心很稳定而且看起来好像静止一样，但是任何东西碰到它以后都会被弹开。像看起来是静止的陀螺那样的心叫做“平常心”，保持平常心非常重要。

笔者认为合气道是透过外在武道技击的修炼，进而影响提升习练者内心的精神世界，达到提升人格，完善自我，使身心高度统一的最佳途径和方法。合气道开祖曾说：“武道的真义，应以保护弱小，关爱他人而存在。”

## 第三节　合气道的作用

### 一、提高身体素质，增强心肺功能

通过合气道的练习，可以有效提高身体素质，加强心肺等脏器功能，锻炼神经系统的灵敏性，强壮骨骼，增加全身各关节的柔韧性，使身体动作的速度、力量、耐力等得到全面均衡的提升。

合气道练习时经常使用到的受身（倒地或滚翻）保护动作，可以锻炼到日常生活中难以使用到以及其他健身项目难以锻炼到的身体部位，调动平时难以主动参与运动的肌肉和脏腑功能。

合气道巧妙、实用的技击防身功能，可以提高练习者的自我保护能力，有效地避免不法伤害以及日常生活中的突发不测。

### 二、提高适应能力，保持乐观向上的生活态度

合气道倡导的理念以及效法自然、因势利导的技法原理，

可以使练习者通过长期的磨炼培养出平和仁爱、宽容自信、勇敢坚毅的意志品质。孕育一颗敏锐聪慧，自律且善于协调的心。通过合气道的攻防练习，学会与他人在竞争中和谐相处。提高自我在现代社会生活中的承受力，以及面对各种环境的适应能力，并始终保持乐观和积极向上的生活态度。

### 三、缓解疲劳，释放压力

在社会竞争日益激烈的今天，每一个人都要承受来自社会、家庭等方面的身心压力，内心充满矛盾。通过合气道练习缓解疲劳，了解掌握合气道不争不斗的理念，有效地化解和释放内心积蓄的郁闷与压力，对现代人更具有现实的积极作用。

### 四、广交朋友，提高生活质量

目前的合气道多采取集体锻炼的方式，在道场习练的过程中，可以广为结交社会各阶层人士，扩大社会交往范围，这无疑会对练习者提高生活质量以及事业提升有所帮助。良好的集体活动氛围可使身心更加和谐健康。

## 第四节　着　装

练习合气道时要穿着白色柔道服。“初心者”（段前级别练习者）穿着白色柔道服和裤子。女性练习者 3 级（包含 3 级）以上也可穿着裙袴。初段以上的有段者系黑带，并且穿着裙袴（颜色仅为蓝、黑两色）。裙袴前面有 5 个褶代表着儒家思想的仁、义、礼、智、信，即“五伦道德”。后面 2 个褶，寓意忠、孝（也有说忠、勇的）。（图 1–1、图 1–2）

图 1–1

图 1–2

为了便于行动，需要选择型号合身的着装。

为了能够顺利地完成技法，衣袖不宜过长，保持能看到手腕的长度为宜。

腰部和背部的服装不要隆起，保持正确的着装非常重要。

裤子的长度不要超过踝关节，以利于顺利地完成技法。

裙袴下摆保持在脚步移动时不要绊倒脚的长度为宜。裙袴的后部要高于前部。不宜穿着带有污渍或破损的服装。（图 1–3）

图 1–3

# 第五节　礼　仪

受生活环境和习惯等因素影响，从安全和整洁角度上考虑，日本武道多在室内进行。世界其他国家和地区的合气道活动也依从日本的习惯，在室内的“榻榻米”或者柔道、跆拳道垫子上进行。

合气道脱胎于日本古武道。对在道场中练习者的礼仪极为重视。目的是通过外在形式上的规范和强调，感染和培养习武者应时刻保持谦虚谨慎，对他人恭敬、尊重并心存真诚的感激。无论技艺达到怎样高超的境界都应始终保持低调。合气道道场礼仪分为立姿礼和坐姿礼两种。

## 一、立姿礼

立姿礼即鞠躬，目光保持平视，双手贴在大腿外侧，上身保持一条直线，向前弯曲至45°或90°。（图1–4）

图1–4

## 二、坐姿礼

坐姿礼更接近于中国古代汉唐前最恭敬的礼节。行礼前，上身保持正直，抬头挺胸，目光平视，双肩放松，臀部正坐在平放的双脚之上，双膝之间保持两拳到三拳的距离。与对方行礼时，双手向前伸出，两只前臂成倒“V”字形放在双膝前侧，双手平伸靠拢。同时上身躯干、头部、背部至腰骶部挺直

成一线向前弯曲，头部微微上扬，以能看见对方为宜。行礼时内心也要保持适度的警觉。（图 1–5 ~ 图 1–8）

图 1–5

图 1–6

图 1–7

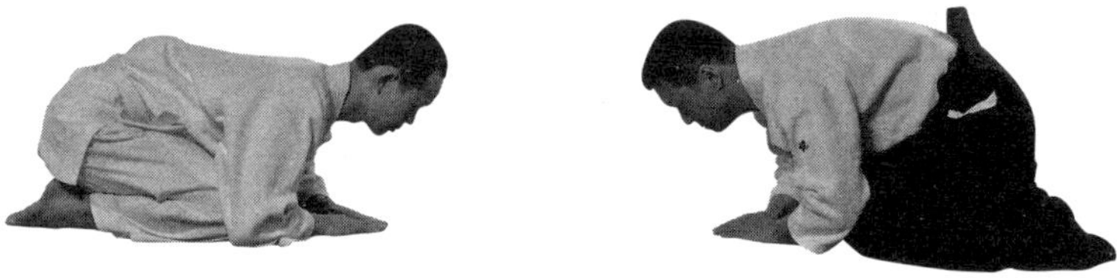

图 1–8

### 三、合气道礼节适用的场合

①练习者进入合气道道场及练习结束离开道场时，都应向道场正面摆放的合气道标志或开祖像行礼，向已经到场的前辈、同辈以及后辈等练习伙伴行礼。

②练习开始前及结束后，由师生共同向正面摆放合气道标志或开祖像行坐姿礼。然后师生相互行礼。

③老师演示完练习技法或作个别指导后，练习者要向老师行礼表示感谢。一个技法开始练习前及结束后，伙伴之间要相互行礼。

④中途因故离开，要先征得老师的许可方可离开。可以说，对礼的恪守贯穿于合气道练习的始终。即“以礼始，以礼终”。

## 第六节　合气道的技术等级

### 一、段前级别

段前级别分为日式、欧美两种模式。

日式是段前五级制。五级最低，一级最高。日式的级别在腰带上没有区分，统一系白色腰带。初段以上有段者系黑色腰带。

欧美有六级制。六级最低，一级最高。级别用不同颜色的腰带区分。通常，六级到一级的颜色是白、黄、橘、绿、蓝、棕。欧美初段以上有段者系黑色腰带。

## 二、段位

段位上，初段（即一段）最低。合气道习惯称为“初段”，意即“勿忘初心”，十段最高。开祖曾授予个别弟子十段位。目前健在的最高段位者是九段。一般认为，达到八段已经是最高的了。因二代道主植芝吉祥丸健在时曾规定，今后将不再授予九段段位。

# 第二章 合气道基本知识

## 第一节 身形构架

### 一、半身

半身（发音：han-mi）合气道站立时的身形构架称为半身。即面对对手，将自己身体一侧向前凸出的姿势。练习基本技法时，向前迈出一只脚，以半身的构架面对对手。

从正面看左半身的面部、腹部、膝关节、脚趾都要正对对手。半身构架时，左脚和右脚打开与肩同宽，两脚的朝向基本成 45°。将重心置于两脚之间，两膝保持放松以便随时可以移动。（图 2-1、图 2-2）

图 2-1

图 2-2

【注意事项】

视线不要停留在一点，要关照对手整体的状况。双肩放松。手臂至指尖保持舒展。左脚的脚趾正对对手，或稍稍朝向外侧。不可朝向内侧。左脚向前迈出的形态为左半身，右脚向前迈出的形态为右半身。各种技法的要点也是从这种半身的姿势开始移动变换的。

## 二、相半身与逆半身

面对对手半身架构分为相半身和逆半身。

### 1. 相半身

相半身（发音：ai-yi-han-mi）是在取方和受方相对峙时，双方迈出同侧脚时称为相半身，双方均为左半身架构时称为左相半身，均为右半身架构时称为右相半身。（图 2–3）

图 2–3

## 2. 逆半身

逆半身（发音：gia-ku-han-mi）是取受双方迈出异侧脚时称为逆半身，取方为左半身，受方为右半身时称为左逆半身，取方为右半身，受方为左半身时称为右逆半身。（图 2-4）

图 2-4

半身的构架在应对正面的攻击时比较容易避开攻击路线（双方身体中心的连线），身体的朝向也比较容易转换，因此在一人对多人的情况下也比较容易应对。

**【注意事项】**

彼此关照对方身体的中线站立。偏离的话，将无法进行有效的练习。

取方（发音：to-li），是施展技法的一方。受方（发音：wu-kai），是进行攻击的一方。

# 第二节　受　身

受身（发音：wu-kei-mi）即受方的身体被投掷或倒地时用来保护自己身体的技法。大致分为后方受身、后方回转受身、前方回转受身。

## 一、后方受身

后方受身（发音：wu-xi-lou-wu-kei-mi）是身体向后方摔倒时使用的受身技法，保持身体放松且利用团身动作是技法的要点。向后摔倒时，先将一条腿撤向身后并将大腿、小腿叠放向地面。膝关节置于另一只脚向后的延长线上，身体向后仰倒。（图 2-5 ~ 图 2-11）

图 2-5

图 2-6

图 2–7

图 2–8

图 2–9

图 2–10

图 2–11

**【动作要领】**

按照脚背、小腿外侧、膝关节、大腿外侧、臀部、腰部、躯干的顺序依次平滑地着地。起身时，再利用反作用力，按照上述的身体部位向反方向依次返回站立姿势。

**【注意事项】**

倒地过猛可能会使头、颈受伤。不要竖起脚趾，以免戳伤脚趾。看着腰带，收紧下颌（保持头部抬起），以免后脑撞击地面。保持收腹含胸。

## 二、后方回转受身

后方回转受身（发音：wu-xi-lou-kai-ten-wu-kei-mi）是身体向后摔倒时，沿着臀部、腰、背向着对角线肩部一侧做回转的动作。

向后摔倒时，按照一侧脚背、小腿外侧、膝关节、大腿外侧、腰部、躯干、另一侧肩沿对角线依次着地，回转身体，尽快回到站立的姿势。（图 2-12 ~ 图 2-18）

图 2-12

图 2-13

图 2-14

图 2-15

图 2-16

图 2-17

图 2-18

【动作要领】

练习时，保持膝关节放松，将身体慢慢放低。保持收腹含胸、弓背，使身体尽量团成圆圈状。双手置于最后着地的一侧肩上，以便翻转后，能够利用双手支撑地面的反作用力，使身体尽快回到站立姿势。

【注意事项】

倒地过猛可能会撞到头部并压迫颈椎，所以倒地动作不可过猛。

## 三、前方回转受身

前方回转受身（发音：mai-kai-ten-wu-kei-mi）又叫前受

身，是向前方摔倒时，身体像车轮一样顺势回转站立起来的动作。

首先，和脚同侧的手向前伸出，双手组成一个圆的形状顺序着地，向前迈出的腿保持放松，缓缓将身体放低。沿着前手外侧、肩后侧、后背、另一侧腰胯部、臀部、大腿外侧、膝关节、小腿外侧、脚背、脚掌的对角线依次平滑地着地，利用回转顺势站起。（图 2–19 ~ 图 2–25）

图 2–19

图 2–20

图 2–21

图 2–22

图 2–23

图 2–24

图 2–25

**【动作要领】**

前手臂要撑成圆弧形。保持收腹含胸、弓背，使身体尽量团成圆圈状。眼睛向身后看，要低头。

**【注意事项】**

前手着地时，手指需要朝向自己，身体沿着对角线向前方回转。如果手指朝前，将会阻碍回转，且容易受伤。

## 第三节 膝 行

膝行（发音：xi-koo）是坐技中使用的移动方法，而坐技是指在正坐时遭遇攻击，不必起身，直接以跪坐的姿势进行攻防的技法。这种格斗技法称为“坐技”，是日本古武道的特点之一。在现代生活中，“坐技”虽然已失去了原本的意义，但仍不失为一种锻炼平衡、手刀、腰腿协调性及力量的好方法。合气道尤其重视和保留这种锻炼方法。

对于非常重视坐技的合气道来讲，是非常重要的动作。保持跪坐（竖起脚趾）的姿势并保持上半身的平衡，练习前进、后退，转身。

**【动作方法】**

保持正坐姿势（图 2–26），竖起脚趾成跪坐姿势（图 2–27），转腰，抬起左膝向前迈出（图 2–28），左膝下落并将身体重心移至左膝上（图 2–29），然后以左膝为轴，转腰，抬起右膝向前迈出（图 2–30），再放下右膝（图 2–31），抬起左膝向前迈出，如此循环往复，最后恢复成正坐姿势（图 2–32、图 2–33）。

图 2-26

图 2-27

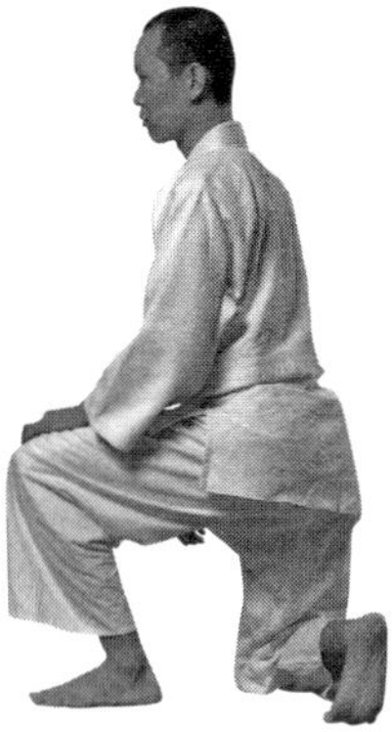

图 2-28

图 2-29

图 2-30

图 2-31

图 2–32

图 2–33

**【动作要领】**

上半身不要前倾。膝关节的角度小于 90°。移动时，双肩、腰胯、大小腿、脚掌及脚趾要尽量放松，通过转腰带动膝关节向前迈出，以身体中线为轴，左右半身交替向前。

左半身转到右半身时，上半身和下半身同时移动。向前迈出一只脚时，另一只脚要紧随跟上。

**【注意事项】**

使用软硬适中、厚度合适的地垫练习膝行以保护脚部、膝关节。不建议在粗糙的坚硬地面上练习，以免损伤膝关节。

注：

手刀（发音：tai–ga–ta–na），在日本武道里是指手指尖到肘尖的整个前臂和手掌部分；可在徒手格斗中做劈砍、格挡和压制动作。(图 2–34)

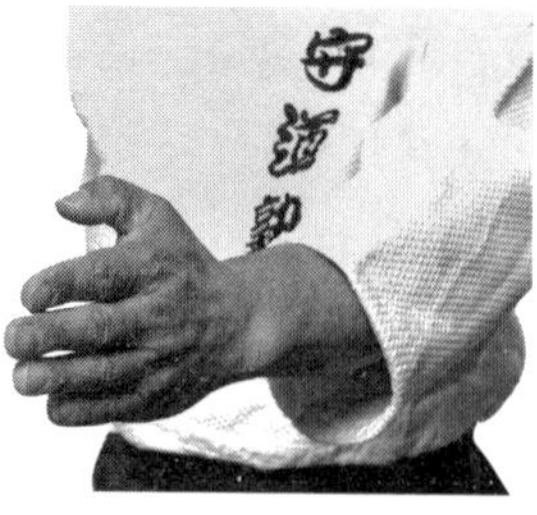

图 2–34

# 第四节　合气道的基本步型、身法

合气道中，通过入身、转换、转身等身形动作的组合，能够形成各种各样的技法。而入身、转换、转身等的基本步法、身形动作以及手刀的配合，统称为体捌（发音：tai-sa-ba-ki）。熟悉这些基本动作，以便自由地应用到各种各样的技法当中。

## 一、入　身

入身（发音：yi-li-mi）是指将身体靠近受方的动作。入身分为向受方身体中线靠近的形式和向受方的侧面靠近的形式。

**【动作方法】**

取方与受方相对站立，受方举起手刀时，取方迎合受方举起手刀的动作，后脚（左脚）向受方的侧面大幅度上步入身，移动到受方的背面。（图 2-35 ~ 图 2-38）

**【动作要领】**

与受方接触前，取方积极向上伸展手刀，迎击受方手刀下劈的力量。保持膝关节放松。

**【注意事项】**

转身（和受方同一个方向）时，注意前脚（右脚）向回收。两脚间距不宜过大，否则会使下面的动作变得迟缓。

图 2–35

图 2–36

图 2–37

图 2–38

图 2–38 附图

## 二、转　换

转换（发音：ten-kan）是以迈出的脚为轴转身的动作，是用来配合手刀和破坏受方身体平衡的动作。转换经常与入身的动作结合使用。

**【动作方法】**

取、受双方相半身（右脚在前）站立。受方左脚跨前一步变为逆半身（左脚在前）并抓住取方的右手手腕。取方右脚向受方的左脚侧面跨进一步入身，右脚触地后内扣（此点甚为重要，否则动作终止时，由于脚尖过于外撇会造成身体不平衡）并以右脚为轴，身体向外旋转并舒展双手手刀（手臂），转换完成。（图 2-39 ~ 图 2-43）

图 2-39

图 2–40

图 2–41

图 2–42

图 2–43

**【动作要领】**

完成动作时，双方的身体向同一方向。注意保持转动脚的稳定。

双肩、膝关节放松，保持身体平衡，通过手刀引导（划圆的动作）受方的力量。

控制连结点（被受方抓住手腕的部分），灵活利用自身的体重完成转换动作。

**【注意事项】**

转换过程中以及转换后，都要注意控制身体的姿势，做到平衡、端正。

## 三、回　转

回转（发音：kai-ten）分为内回转和外回转两种。在这里，只以内回转举例说明。

**【动作方法】**

取、受方相半身（左脚在前）站立。受方右脚跨前一步变为逆半身（右脚在前）并抓住取方的左手手腕。取方左脚向受方的右脚外侧跨进一步入身 ，同时右手刀攻击受方正面，左手刀向外伸展 ，右脚跨前一步，向受方身体侧面入身的同时，举起左手刀从受方腋下穿过，身体左转，同时，左手刀下劈，回转动作完成。（图 2-44 ~ 图 2-48）

图 2-44

图 2-45

图 2-46

图 2–47

图 2–48

**【注意事项】**

做内回转动作要特别注意的是，从对手（受方）正面入身，穿过对手（受方）腋下做回转是十分危险的，易被对方另一只手刀攻击。因此，做回转的时机、角度至关重要。同时另一只手刀（后手）攻击受方正面，分散受方注意力，并迫使受方身体后仰躲闪，破坏其身体平衡，以创造回转的时机和空间。

## 四、转　身

转身（发音：ten–xin）就是旋转身体，并且通过圆形的身法动作引导受方。

**【动作方法】**

取、受双方相半身站立。受方右脚向前跨一步，用右手手刀攻击取方头部左侧，取方左手刀做格挡动作，同时右脚向斜前方上步，以右手刀攻击受方面部，并以右脚为轴旋转身体(转身)，引导并控制受方的身体，使其保持在旋转离心的态势里，以便进行下面的动作。（图 2–49 ~ 图 2–53）

图 2–49

图 2-50

图 2-51

图 2-52

图 2–53

【注意事项】

做转身时，注意膝关节保持放松，保持身体的稳定。

## 第五节 呼吸法

在合气道中，将通过合理的姿势和动作所产生的身（身体）心（意识）合一的集中力称为呼吸力，呼吸力主要是通过手刀发挥作用。而锻炼呼吸力的方法称之为呼吸法（发音：ko–kiu–hoo）。

作为具有代表性的呼吸力锻炼法，在这里介绍诸手取（双手抓单手）呼吸法（站立技），以及坐技呼吸法（坐技）。

## 一、站立技呼吸法

### 1. 诸手取呼吸法·表技

诸手取呼吸法·表技（发音：mo-lo-tai-to-li-ko-kiu-hoo·o-mou-tai-wa-za）是站立技呼吸法（发音：ta-qi-wa-za-ko-kiu-hoo）中的一种。是从受方的正面入身，直线进入到中心而实施动作的技法。

**【动作方法】**

取、受双方相半身（右脚在前）站立。受方左脚向前跨一步变为逆半身，并在用手刀砍压取方手刀的同时，从侧面用双手去抓拿取方的手臂。取方右脚从受方左脚外侧上步入身，借助入身时向前的力量，举起右手刀，从身体中线砍压受方。将受方摔倒。（图 2-54 ~ 图 2-60）

图 2-54

图 2–55

图 2–56

图 2–57

图 2-58

图 2-59

图 2-60

**【动作要点】**

手刀砍下时不要离身体过远，注意保持身体姿势端正并保持身体平衡。

**【注意事项】**

由于本技法为锻炼技法，受方不必要过紧地抓住取方和过于用力压制取方的手刀。

### 2. 诸手取呼吸法·里技

诸手取呼吸法·里技（发音：wu-la-wa-za）是指入身、转换进入到受方侧后面实施的转动划圆技法。

**【动作方法】**

取、受双方相半身站立。受方左脚向前跨一步变为逆半身，并在用手刀砍压取方的同时，从侧面去抓拿取方的手臂；此时，取方右脚向前迈出，入身到受方的侧面，以右脚为轴做转换，然后入身将被受方抓住的手臂引导到自己身体的中线，借助脚和腰的力量向受方身后砍压，破坏受方的身体平衡，摔倒受方。（图 2–61 ~ 图 2–65）

图 2–61

图 2-62

图 2-63

图 2-64

图 2-65

**【动作要领】**

通过撤步转腰的力量完成转换,从而破坏受方的身体平衡。

**【注意事项】**

举起手刀时，不要仅靠手和手臂的力量，要借助入身、转换的力量。

## 二、坐技呼吸法

坐技呼吸法（发音：za-gi-ko-kiu-hoo）是取、受双方在正坐基础上完成的动作技法。

**【动作方法】**

取、受双方面对面正坐，受方双手从侧面抓住取方的双手腕，取方保持正坐姿势，肩部和肘部向下沉，将力量集中于手刀上，竖起手刀，自下而上抬起受方的双手，打开受方的腋下，使其上半身向后倾斜，然后，移动右膝向受方的侧面迈出一步，抬起两手手刀向后砍压，拉伸受方的手臂，从而压制受方。（图 2–66 ~ 图 2–70）

图 2–66

图 2–67

图 2–68

图 2–69

图 2–70

**【动作要点】**

练习坐技时，取方的身体不要过于前倾，也不要后仰，气沉丹田保持身体坐稳。另外，手臂、肩部不要过分用力，通过正确的姿势产生力量，并通过手刀传递给受方。被受方抓住的双手不要下压，而是通过腰部的力量将受方的双手扶高。

**【注意事项】**

动作结束时，取方要保持跪坐（竖起脚趾）姿势。不要耸肩，要保持下盘稳定。

## 第六节　腕关节锻炼法

合气道中有很多控制手腕关节的技法。为了保证练习技法时的安全，锻炼手腕的柔韧性可以说是一个重要的练习。通过拉伸手腕关节，扩大其活动范围，以尽可能地避免受伤。

## 一、小手迴法

小手迴法（发音：kou-tei-ma-wa-li）左手拇指置于右手拇指根部，其余四指握住右手掌外侧（小鱼际部位），双臂收紧弯曲挤压手腕。握持手腕前后移动，注意肩部不要用力。(图 2-71、图 2-72)

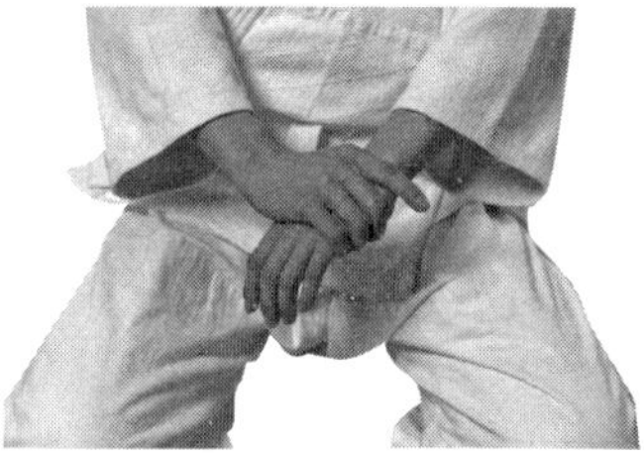

图 2-71

图 2-72

## 二、小手返法

小手返法（发音：kou-tei-gai-xi）右手拇指压住左手小指指根，其余四指握住左手拇指根（大鱼际）部折返手腕，使左手拇指向前，掌心向外，折返手腕的同时，将其从胸口向下拉至腹部。折返手的手掌心要贴紧被折返手的手背。（图 2-73、图 2-74)

图 2-73

图 2-74

# 第三章　合气道基本技法

合气道的体术（发音：tai jiu ci）也就是徒手基本技法，大致分为固技、投技两大部分。基本技法，顾名思义即基本、基础。是合气道技法的根本，所有合气道技法皆由此衍生、变化而出。就如合气道开祖所言：最基本的技法，就是最高级的技法。就像再鲜艳灿烂的花朵也是由朴实的根茎孕育生发出来的一样。世间一切事物，失去了根本，就是无源之水无本之木，是注定要枯竭的。所以，请有兴趣了解、学习合气道或者开始学习合气道的读者朋友们务必认真、扎实地学习和掌握好合气道的基本技法。

## 第一节　固　技

固技（发音：ka-ta-mai-wa-za），顾名思义，就是对人身体重要关节的压制、锁固。而合气道基本技法里的固技，从外形上来看，都是针对对手腕、肘、肩关节的锁固。但是，学习者要准确无误地理解合气道固技的重点，并不是简单的用力压制对手的关节，而是通过控制对手的关节，达到协调、控制对手的身体重心，瓦解其身体平衡的技法。因此，在练习固技时，要时刻留意对手重心的变化。

在这一小节里，为大家介绍合气道基本技法·固技的第一、二、三、四教。而第五教为更能突出地说明该技法在实际应用中的作用，我们把它放在第四章武器取·短刀（夺取）篇中为大家介绍。

## 一、第一教

第一教（发音：dai-yi-kiou）应对对手不同的攻击方式（抓、打）有不同的处理方法。这里为大家介绍正面打第一教表技、里技两种技法。

所谓正面打（正面打ち 发音：xio-men-wu-qi），即受方用手刀对取方头顶中线，以模拟挥剑下劈的动作发动的攻击。“正面打”并非实战的攻击方法，而是为了让学习者便于掌握合气道的基本技法，所设置的练习攻击技法。

### 1. 正面打第一教·表技

**【动作方法】**

取、受双方相半身（右脚在前）站立。受方右脚向前跨进一步，左脚随即跟上；右手刀沿着取方身体中线上举，然后模拟挥剑的动作下劈取方头顶；取方在受方举起手刀的同时，右脚向前跨进一步入身到受方的侧面，用双手刀控制受方的手腕和肘关节。然后，压下受方右手腕；同时，左脚向前移动，破坏受方的身体平衡，将受方压制卧倒于地面，压制时，双膝跪坐，左膝顶住受方肋部，右膝顶住受方手腕。（图 3-1 ~ 图3-6）

图 3–1

图 3–2

图 3–3

图 3–4

图 3–5

图 3–6

【动作要点】

入身下压手腕时，压制的动作需要借助向前入身的力量。控制受方手腕的手不宜过早地抓握其手腕，以免技法与动作僵化，不便于做其他变化，而应以手刀的方式压制。

【注意事项】

在压制受方时，不能使受方的肩部抬起，手臂与躯干打开的角度等于或大于直角。不要用手腕的力量，而是要以跪坐（脚趾竖起）的姿势很好地借助体重来压制受方。

## 2. 正面打第一教·里技

**【动作方法】**

取、受双方相半身（右脚在前）站立。受方右脚向前跨进一步，左脚随即跟上；同时，举起右手刀沿取方头顶下劈；取方在受方举起手刀的同时，右脚向前跨进一步入身到受方侧面；同时，用双手刀控制受方的手腕和肘关节向上扶高，然后，向右转身将受方压制至地面。（图 3–7 ~ 图 3–12）

图 3–7

图 3-8

图 3-9

图 3-10

图 3-11

图 3-12

【动作要点】

转身与压手腕要同时进行。

需要说明的是，第一教技法如同前面介绍的站立技呼吸法一样，并非是实战用的技法，仅为道场中的锻炼技法。但却是了解学习合气道不可或缺的技法。堪称合气道的第一重要技法。

通过第一教技法的锻炼，可以了解掌握时机感、呼吸力领会化解身体平衡的要诀。这些不单单对合气道重要，甚至对所有格斗技击都至关重要。以上内容请练习者在学习过程中用心体会。只有了解掌握其中的精微奥妙，才能达到技击的至高境界。

## 二、第二教

第二教（发音 dai-ni-kiou）技法在基本（基础）技法里，原本是用（受方做）正面打的形式练习。但是为了突出该技法的特点以及在实战中的作用，我们在这里用应用技法进行介绍。

### 1. 肩取第二教·表技

肩取（发音：ka-ta-to-li）第二教是在被对方抓住肩部时使用的技法。

**【动作方法】**

取、受双方相半身（左脚在前）站立。受方右脚向前上步，以右手抓住取方的肩部，取方右脚向前上步入身；同时以右手刀攻击受方面部，然后右手刀顺势向左移动压制住受方肘关节内侧，以右脚为轴，左脚向左后方撤步并转身从而破坏受方的身体平衡；随后，右手上移抓住受方手腕，左手从下向上推压受方肘关节，右手翻压受方手腕关节，左手推压受方肘关节，将受方扭压至地面并用左手控制住受方肩关节，右手将受方的手臂环抱住并扭转受方肩关节将受方控制住。（图 3-13 ~ 图 3-21）

图 3–13

图 3–14

图 3–15

图 3–16

图 3-17

图 3-18

图 3-19

图 3-20

图 3-21

【动作要点】

通过转身破坏受方的身体平衡时，不要强行拉拽手腕，而要结合转身的动作，翻起受方肘部时，也要结合被抓肩部向上、向前顶起的动作，托高受方肘部，再压下。

扭转受方手腕使其手心向前的方法是：拇指压住受方拇指根部，其余四指抓住其手掌外缘部位（小鱼际），掌心要紧贴受方掌背，不得有较大间隙（图 3-22）。

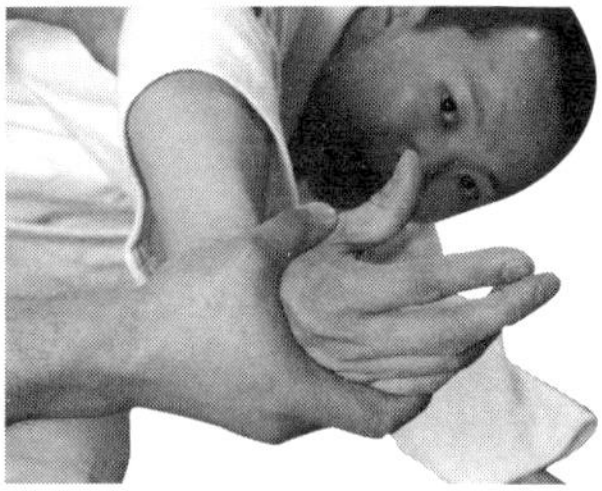

图 3-22

最后要以跪坐（脚趾竖起）的姿势，增加压迫力量。双膝夹住受方肩部，一个膝关节顶住受方后脑，另一个膝关节顶住受方腋下。左手用肘弯夹住受方手腕部，右手压住肩胛部或向内横切其肘部，以环抱其手臂的姿势，向其头部做压迫及扭转。

**【注意事项】**

要特别注意，练习时应避免动作过快和动作幅度过大，否则容易造成对方肩关节受伤。

### 2. 肩取第二教·里技

**【动作方法】**

取、受双方相半身（左脚在前）站立。受方右脚向前上步，以右手抓住取方的肩部，取方右脚向斜前方上步入身；同时，用右手刀攻击受方面部，然后右手刀顺势向下移动压制住受方肘关节内侧左手顺势托住受方右臂上推；同时，右脚向后撤步，右手上移抓住受方手腕并扭转受方腕关节右手拉，左手将受方压制跪地；接着，右脚后撤，左手控制住受方肩关节将受方压倒于地面；然后，左臂环抱受方右臂并向后扭转，右手控制住受方肩关节，将受方控制住。（图 3–23 ~ 图 3–33）

图 3–23

图 3-24

图 3-25

图 3-26

图 3–27

图 3–28

图 3–29

图 3–30

图 3–31

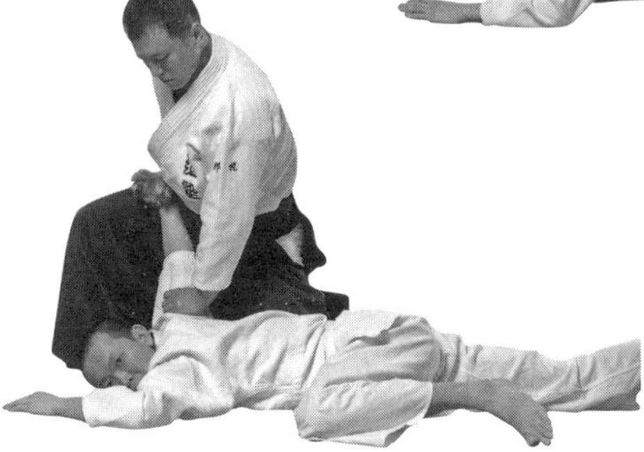

图 3–32

图 3-33

【动作要点】

压迫拧转受方的腕关节时，要将受方的手腕紧紧贴住自己的肩部，并且要使受方的腕关节、肘关节处于弯曲的状态。（图 3-24）

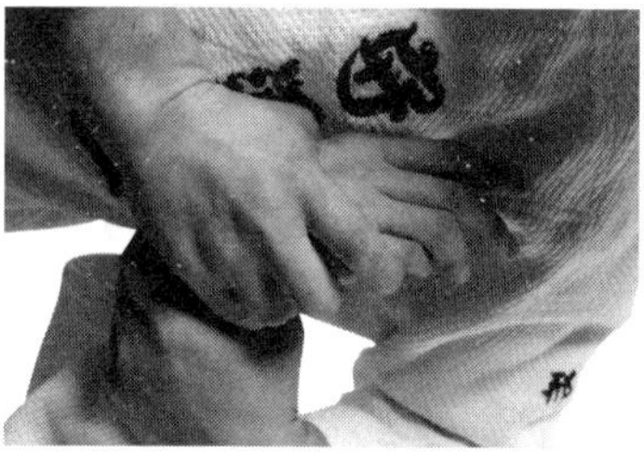

图 3-34

【注意事项】

在练习时，要控制好力道，避免受方腕、肘关节受伤。

## 三、第三教

第三教（发音：dai-san-kiou）源于第一教的变化，通过拧转对方的手掌、手腕、肘、肩关节而控制对方的技法。最后压制、拧转肩关节的方法与第二教不尽相同。

### 1. 正面打第三教·表技

**【动作方法】**

取、受双方相半身（右脚在前）站立。受方举起手刀时，取方用双手刀控制受方的手腕和肘关节，然后压下受方右手腕，同时向前入身，用右手拧转受方的手掌部位并向上推起受方肘部，再次入身，换左手从手背方向抓住受方的右手掌，右脚向前迈出，拧转受方的手掌部位，同时转身，拧转受方的小手指部位并向下砍，右手刀压制其肘关节迫使受方的肘和肩降低位置，右脚向后撤、向下坐的同时将受方向前拽倒，压制受方至俯卧姿势，完成最后的压制。（图 3–35 ~ 图 3–44）

图 3–35

图 3-36

图 3-37

图 3-38

图 3-39

图 3–40

图 3–41

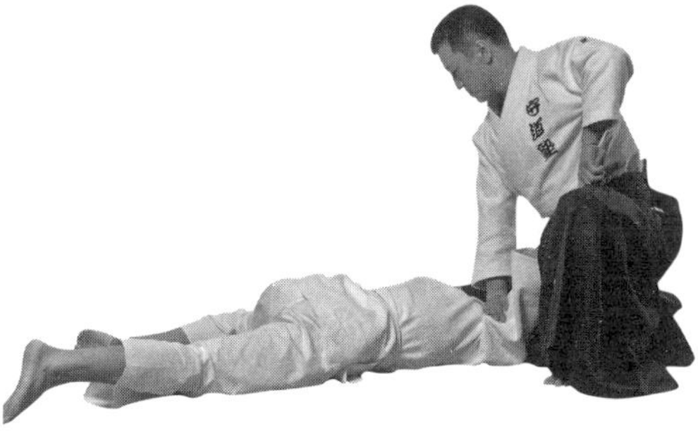

图 3–42

图 3-43

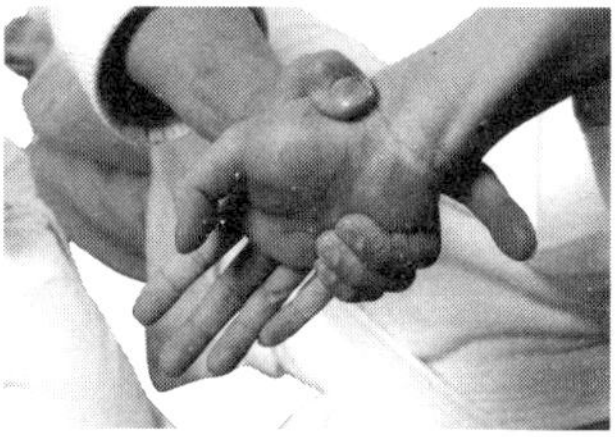

图 3-44

【动作要点】

将受方的手掌部位拧转并向上推起，然后从下方换手并向下砍的动作要连贯。

压制时，跪坐姿势的要求与第二教相同，控制肘部的手刀沿肘部向上捋，扣住受方手背，将其手掌按在自己肩部并向其头部方向拧转其手腕和肩关节。（图 3-45）

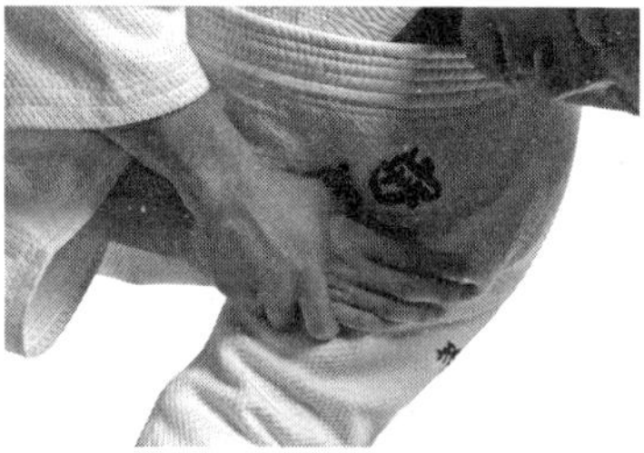

图 3-45

【注意事项】

练习时，抓住受方手掌拧转的力度要适度，否则极易造成对方手腕、尺、桡骨、肘关节的严重损伤。

### 2. 正面打第三教·里技

【动作方法】

取、受双方相半身（右脚在前）站立。受方举起手刀时，取方左脚向前跨进一步，入身到受方的侧面；同时用双手刀控制受方的手腕和肘关节并扶高手肘，然后转身压下受方的右手腕，控制受方肘部的左手从受方的手掌背部抓住并拧转受方手掌向上托起，左脚再次向受方身后入身，左手从自己身体中线砍下，右手压制受方肘部向下；同时，右脚后撤再次转身，向下坐的同时将受方向前拽倒，压制受方至俯卧姿势。（图 3-46 ~ 图 3-54）

图 3-46

图 3-47

图 3-48

图 3-49

图 3-50

图 3–51

图 3–52

图 3–53

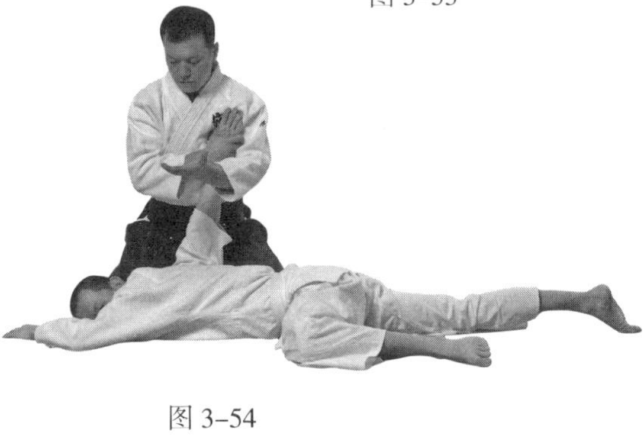

图 3–54

【注意事项】

第三教转换双手控制受方手掌部位的方法比较复杂。切记，在换手时已完全化解对手的身体平衡，并始终做有效压制，才是有效控制的重要前提。请牢记正确的顺序，反复练习，方可做到娴熟。

## 四、第四教

第四教（发音：dai-yong-kiou）是通过第一教的技法砍下受方的手臂，并通过压制腕关节控制对手的技法。

表技压制手腕部（尺骨、桡骨之间的痛点），里技压制桡骨，控制对手。

### 1. 正面打第四教·表技

【动作方法】

取、受双方相半身（右脚在前）站立。受方举起手刀时，取方上步入身，通过双手刀控制受方的手臂并压下，左脚向前迈出压制受方并化解受方身体平衡，然后将控制肘部的左手移动到受方腕关节的脉部，和右手一起，如同握刀的姿势握持受方前臂腕部，左手以食指的根部压在受方的脉部，从小指开始将所有手指顺序收紧，左脚继续向前迈出，同时双手像挥刀一样砍下受方的右臂，压制受方俯卧在地；然后食指继续压在受方的脉部，并收紧所有手指，将自己身体的重量置于食指的根部。（图 3-55 ~ 图 3-60）

图 3–55

图 3–56

图 3–57

图 3–58

图 3–59

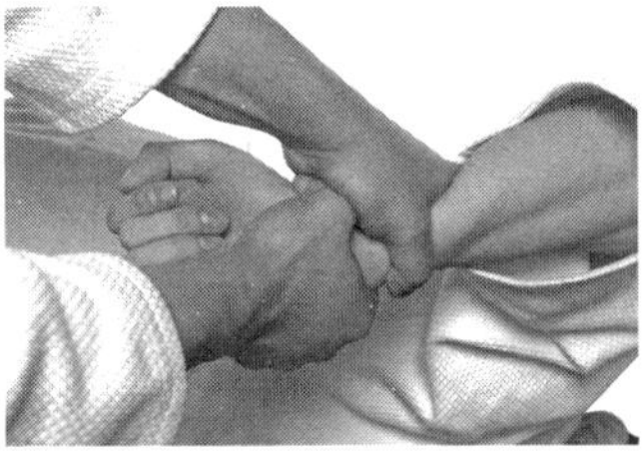

图 3–60

【动作要点】

压迫痛点的手是靠近受方一侧的手，图中为左手，反之在另一侧，则为右手。

表技压迫的痛点在掌根腕横纹向上两到三指正中，尺骨与桡骨之间的位置。

## 2. 正面打第四教·里技

里技是将食指根压在受方的桡骨部位控制对手的技法。

【动作方法】

取、受双方相半身（右脚在前）站立。受方举起手刀时，取方入身到受方的侧面，控制受方的肘和手腕，通过转身压下受方的右臂，然后以受方的肘关节为支点向上推起，控制肘部的左手迅速移动到受方桡骨部位，以右手握持受方的手腕，左手食指根压住受方的桡骨部位，双手握持受方的手腕，再次转身，同时砍下受方的右手腕，压制受方至俯卧地面。左手食指根位于桡骨部位，两手握持的部位不要留有缝隙，从小指开始所有手指顺序收紧，同时利用体重压制其桡骨。（图 3–61 ~ 图 3–67）

图 3–61

图 3-62

图 3-63

图 3-64

图 3-65

图 3–66

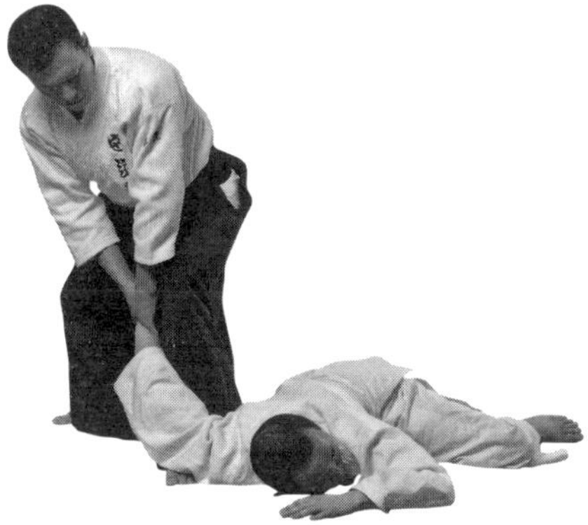

图 3–67

**【动作要点】**

第四教无论表技压制手腕脉痛点，还是里技压制桡骨，都需要反复习练，才能迅速找到准确位置，熟练利用自身体重对上述位置做有效压制。

还有，在受方肘部弯曲的情况下比较容易做到有效压制。

# 第二节　摔投技

摔投技（发音：na-gai-wa-za），即利用对手攻击的力量，借助自身合理的姿势和动作所产生的身心合一的呼吸力，将两者相融合，采取诱导、引带等方式协调、控制对手身体重心，破坏对手身体平衡、摔投对手的技法。

合气道的摔投技法有：四方投（摔）、入身投（摔）、回转投（摔）、天地投（摔）、小手返（反手摔）共5个技法。需要说明一下，小手返技法，在合气道技法里较为特殊。严格来说，该技法属于摔固技，即摔投、锁固压制相结合的技术。在后面会为大家详细解说。

下面为大家介绍5个摔投基本技法。

## 一、四方投

四方投（发音：xi-hoo-na-gai）是合气道中具有代表性的基本技法。如同其他合气道技法一样，应对对手不同的攻击方式（抓、打）都可以将其引入到四方投技法当中来。在这里，为大家介绍片手取（片手取り ka ta tei tou li；受方单手抓取方单手）四方投的表技和里技。

### 1. 片手取四方投·表技

**【动作方法】**

取、受双方相半身站立。受方左脚跨前一步变为逆半身，单手抓住取方右手腕，取方左脚向斜前迈出一步，入身的同时左手抓握受方的左手腕，并沿自己身体中线举起被抓住的手刀，通过入身的动作顺势带动手刀，拉带受方。取方再次向前迈出一步，用双手控制住受方的手腕部分，双手举过头顶的同时转身。然后沿对方的肩部向后下拉拽，将受方摔倒。（图 3–68 ~ 图 3–75）

图 3–68

图 3–69

图 3-70

图 3-71

图 3-72

图 3-73

图 3–74

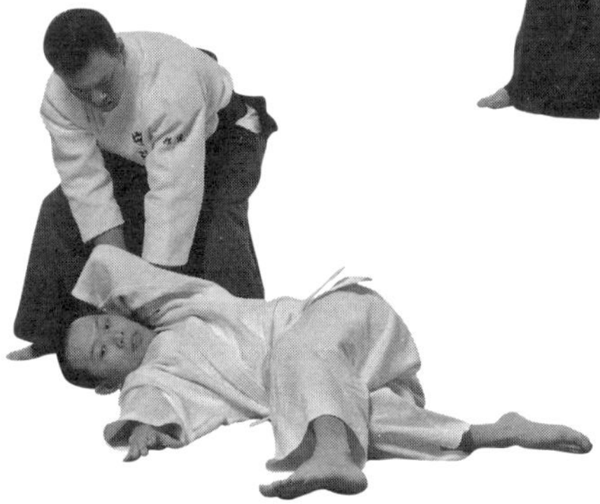

图 3–75

**【动作要点】**

取方要注意将入身的动作与举起手刀的动作相结合。

**【注意事项】**

注意手刀举起、砍下的动作不要偏离身体中线。

如果将受方摔向远方，则无法与受方保持合适的距离与自身的平衡，不利于正确的练习。

练习过程中，最后拉下对方时，注意把对手的手控制在同侧肩胛骨位置。切记用力不要过于猛烈，否则极易造成对手腕部、前臂、肘部、肩部的严重受伤。

## 2. 片手取四方投·里技

表技通过向受方的中心入身，举起手刀，破坏受方身体平衡，里技则需要入身到受方的侧面，转身的同时举起手刀破坏受方身体平衡。

**【动作方法】**

受方抓住取方手腕时，取方的右脚迈向受方的侧面，左手抓握受方腕部，入身、转身的同时举起手刀并与受方保持连结。以双手抓住受方的左手，保持举起手刀的状态，想象要与受方背部完全贴合的状态，以双脚为轴，向后充分转动身体，将受方向前砍下，摔倒受方。（图 3–76 ~ 图 3–83）

图 3–76

图 3-77

图 3-78

图 3-79

图 3-79 附图

图 3-80

图 3-81

图 3–82

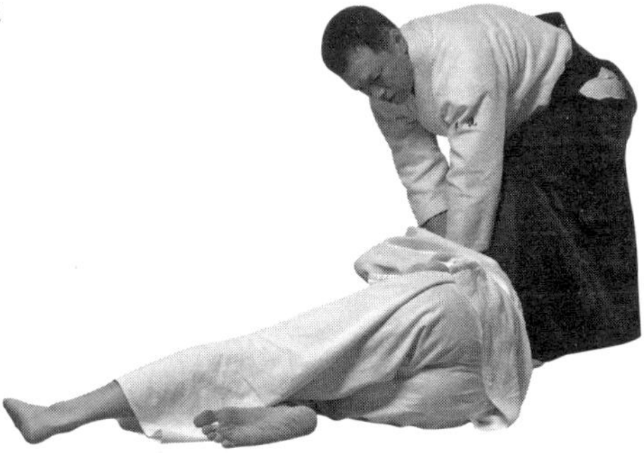

图 3–83

**【注意事项】**

需要注意的是入身、转身的动作和举起手刀的动作要结合起来成为一套连贯的动作。

将受方向后砍下时，如果将受方摔得太远，则无法与受方保持合适的距离，不利于正确的练习。另外用力过猛会导致受方的肘和手腕受伤。

## 二、入身投

入身投（发音：yi–li–mi–na–gai）是迎着受方的正面攻击，从侧面入身避开受方的攻击路线，通过转身的身法动作引导受方的力量，破坏其身体平衡，是通过手刀控制其头颈部并向下挥砍而将受方摔倒的技法。

**【动作方法】**

取、受双方相半身站立。受方抬起手刀的同时，取方从受方的侧面入身，双手刀控制受方的颈部和手刀，以左脚为轴，右脚撤步继续转身，破坏受方的身体平衡，然后，右手刀向上扬起，控制其头颈部，右脚再次大幅度入身，同时手刀砍下，摔倒受方。（图 3–84 ~ 图 3–92）

图 3–84

图 3-85

图 3-86

图 3-87

图 3-88

图 3-89

图 3-90

图 3-91

图 3-92

**【动作要点】**

手刀砍下的动作要与转腰、撤步转身的动作相结合，通过全身整体连贯的动作破坏受方的身体平衡。

**【注意事项】**

在入身、转身破坏对方身体平衡到最后入身摔倒对手的过程中，要保持一侧脚在前时，同侧手刀也要在前。

在练习时，手刀上扬托起受方头颈部，再向下砍的动作，要注意控制力度，不要猛挫对方头颈部，以免造成伤害。

## 三、回转投

回转投（发音：kai-ten-na-gai）是利用对手攻击的力量，迫使其身体像车轮一样旋转摔倒。而取方手刀也是通过大幅度旋转划圆的动作，引导控制对手。技法以此得名。在这里，为大家介绍片手取·内回转投、正面打外回转投的两种做法。

### 1. 片手取内回转投

片手取内回转投（发音：wu-qi-kai-ten-na-gai）属于练习用的基本技法，较难在实战中应用。

就如其他多数合气道技法一样，回转投也有表技、里技两种做法。作为对基础技法的了解，以及篇幅的关系，在这里我们只介绍回转投表技的做法；里技做法，待以后有机会再为大家介绍。

**【动作方法】**

取、受双方相半身站立，受方左脚上步变为逆半身，并以左手抓住取方的右手腕，取方在受方接触自己右手的同时，左脚跨前一步入身到受方侧面，另一只手自下而上攻击受方正面，结合入身的动作，通过（被抓住）手刀外展和攻击迫使受方身体后仰以破坏受方身体平衡，左脚再次向前踏出一步，同时举起手刀，通过手刀将受方的肘关节向上扶高，使得受方的身体向前弯曲，创造出入身的空间，以侧身的姿势将左半身穿过受方腋下并同时转身，右脚向后撤一大步，同时右手手刀砍下，左手控制受方的后颈部，右手抓住受方的左手腕，右脚向前踏出，摔投对手。（图 3-93 ~ 图 3-100）

图 3–93

图 3–94

图 3–95

图 3–96

图 3–97

图 3–98

图 3-99

图 3-100

【动作要点】

入身攻击对手时，不是从侧面攻击，而是自下而上的攻击。

摔投对手时，控制受方的后颈部，抓住手腕，摔投对手。

从对手正面入身，穿过其腋下做回转是十分危险的（易受到对方另一只手刀的攻击）。因此，做回转的时机、角度至关重要。

## 2. 正面打外回转投

正面打外回转投（发音：sou-tou-kai-ten-na-gai）也有表技、里技两种做法。在这里，我们只为大家介绍表技。

【动作方法】

取、受双方相半身站立。受方举起手刀的同时，取方左脚大幅度入身到受方侧面，并保持与受方目视同一方向。此时的右脚要避开攻击路线。左手砍下受方的右手刀，右手控制受方的后颈部向前砍下，两个动作相结合，破坏受方上半身的平衡，同时左手刀向下，握持受方的手腕从后方托起，使受方的身体侧倾，左脚向前踏出，摔倒对手。（图 3–101 ~ 图 3–106）

图 3–101

图 3–102

图 3–103

图 3-104

图 3-105

图 3-106

【动作要点】

化解正面打时，要配合受方举起手刀的动作，左脚大幅度入身。

【注意事项】

如果脚停留在受方的攻击路线（动作的延长线）上，则无法化解正面打，也无法完成回转投的动作。

## 四、天地投

天地投（发音：ten-qi-na-gai）即受方双手去抓取方双手手腕，取方双手大幅度向上下（天与地的方向）打开，破坏受方身体平衡，摔倒受方，因此得名天地投。由于篇幅的缘故，我们也就只为大家介绍天地投的表技做法。

**【动作方法】**

受方上步变为逆半身。双手握住取方双手的同时，左脚上步入身到受方的侧面，右手手刀从受方的手内侧螺旋向上举起，左手手刀稍稍向外侧旋转向下打开，同时右脚跨前一步，再次向受方的侧面大幅度入身，手刀向着自己身体内侧砍下，将受方摔倒。（图 3-107 ~ 图 3-113）

图 3-107

图 3–108

图 3–109

图 3–110

图 3-111

图 3-112

图 3-113

**【注意事项】**

双手刀向上下打开的动作要与入身的动作相结合。另外，摔倒受方时保持侧身的姿势，以便集中力量。

## 五、小手返

小手返（发音：kou tei gai xi）又称为反手摔。在日文中，小手是指手掌、手腕部位。因该技法是以向着受方肩部或略向身体外侧折返其手掌，迫使其摔倒而得名。

上面提到了，从技术处理方法的角度上划分，小手返应属于摔固技（发音：na-gai-ka-ta-mai-wa-za），即摔投技法和固技法的结合。为凸显小手返技法在技击中的实战作用，我们为大家介绍正面打·小手返、短刀突刺·小手返两种技法。

短刀突刺·小手返的做法放在后面为大家介绍。

正面打小手返是通过入身、转身的动作破坏受方的身体平衡，折返手掌部位摔投受方的技法。

**【动作方法】**

取、受双方相半身站立。在受方举起手刀攻击的同时，取方左脚入身到受方的侧面，用右手刀顺着受方下劈的势道，压制其手刀向下，通过右脚撤步转身控制、化解受方的正面打动作，并同时抓握受方的右手手掌、腕部，通过转身引导化解受方的身体平衡。进一步打开身体的同时，左手抓握手掌、手腕，从小指开始顺序收紧，拇指压在受方小指根部向外推压，翻转折返手掌部位，右手从掌背方向与受方的手重合，然后从身体中线向下砍，同时右脚上步入身，将受方摔倒在自己身体的正面。再控制受方的肘关节，压制受方成俯卧姿势，再以第二教收势动作压制受方。（图 3-114 ~ 图 3-123）

图 3-114

图 3-115

图 3-116

图 3-117

图 3-118

图 3-119

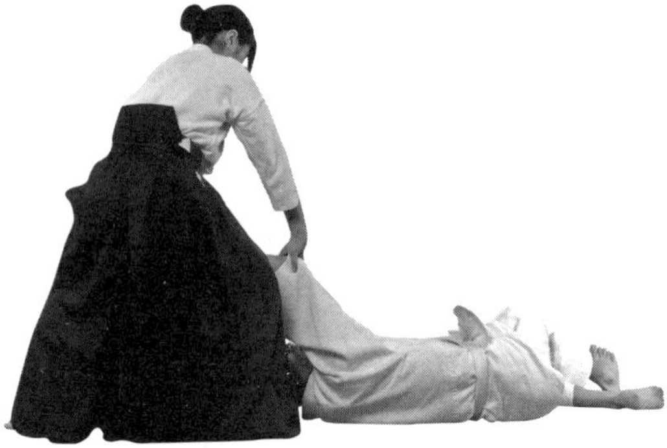

图 3-120

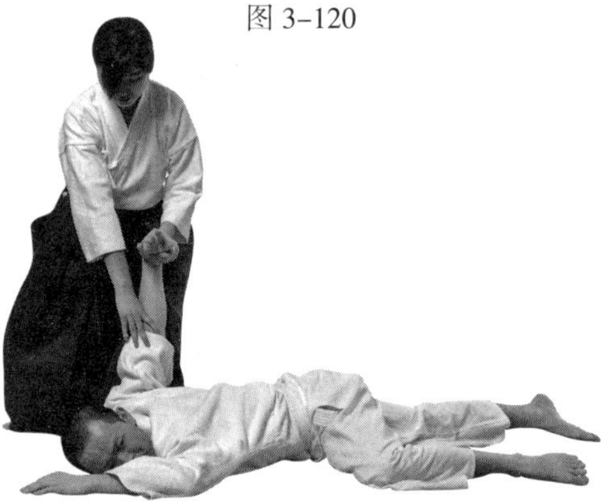

图 3-121

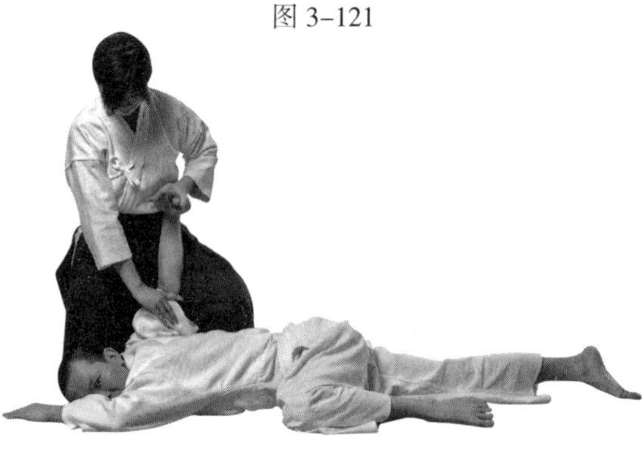

图 3-122

图 3–123

【动作要点】

身体的动作和手部动作相结合是技法的要点。左手抓握手掌、手腕时，要从小指开始顺序收紧，拇指压在受方小指根部向外推压。（图 3–124）

翻转折返对手手掌时，右手从掌背方向与受方的手重合。（图 3–125）

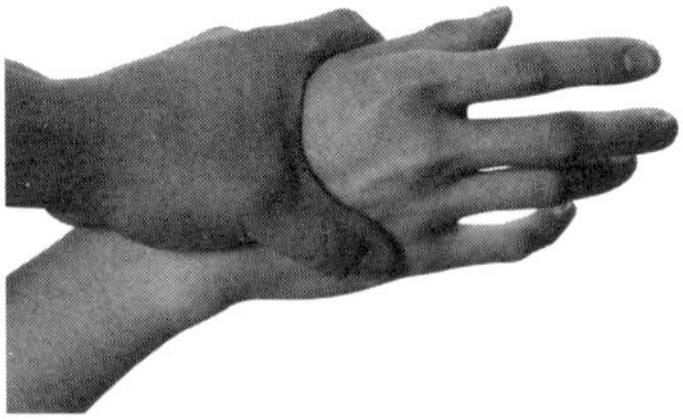

图 3–124

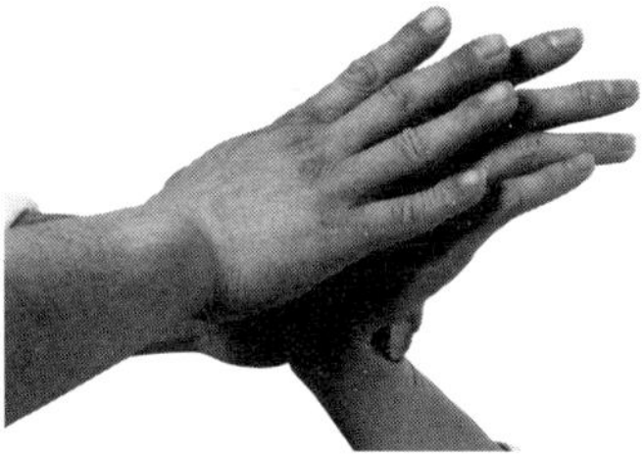

图 3–125

【注意事项】

练习时，注意对手的水平，尤其是在翻转折返对方手掌部位时，要控制好速度和力量，避免造成对手手腕、肘、肩等部位的损伤。

# 第三节 合气道应用技法

练习合气道武器取技法的意义和作用是，除了在日常生活中，遭遇上述无可选择的极端情形下，可以利用所掌握的合气道技法进行防卫外，在道场里，练习武器取的意义和作用是，了解攻击的真实感，学会掌握正确有效的处理方法。可以有效克服心理上对武器攻击的恐惧，当自己徒手，而对手持有武器发动攻击时，仍可以做到有效控制，那么对手也是徒手时，就可以更加轻松、自如地施展技法了。在道场中的意义和作用，还能从身、心两方面提高、完善练习者的合气道体术（徒手技法）技艺，使之日趋成熟。

原本，合气道武器取技法并不属于入门阶段的基本技法范畴，而属于应用技（发音：ou-you-wa-za）法，即所谓的高级技法。在道场的锻炼者，也是要在有一定基础之后才开始练习武器取技法，以便更正确、更扎实地掌握该技法。但是为了使读者在有限篇幅内对合气道了解得更多一点，我们还是简单介绍两个特点鲜明的短刀取（短刀取り 发音 tang-tou-tou-li）技法。

## 一、武器取短刀

武器取（发音：bu-ki-tou-li），即对手持有武器进行攻击时，己方在徒手的情形下利用合气道技法巧妙化解对手的攻击，并夺取武器的方法。

### 1. 短刀取横面打第五教·表技

**【动作方法】**

取、受双方相半身站立。受方右脚跨前一步以逆半身姿势持刀攻击取方头部侧面，受方举起手臂时，取方左脚向受方的侧面充分入身，左手刀控制受方的右臂，右手攻击受方正面破坏其身体平衡，左手继续对受方右肘保持控制，然后右手迅速从上方控制受方的腕关节，使其手腕不能够自由地弯曲，同时翻转其手臂，左手移到其肘部控制，左脚向前入身，同时双手压制其手臂化解其身体平衡。利用向下跪坐的力量压制受方使其呈俯卧姿势。

压制受方后将膝关节置于受方的肋部，并拉伸其手臂。将受方的手背贴住地面向内推动，使其手臂和手腕折叠呈曲柄状，借助体重从上方竖直压向手腕，保持压力直到迫使其手掌自然张开，夺取短刀。（图 3–126 ~ 图 3–137）

图 3–126

图 3-127

图 3-128

图 3-129

图 3-130

图 3–131

图 3–132

图 3–133

图 3-134

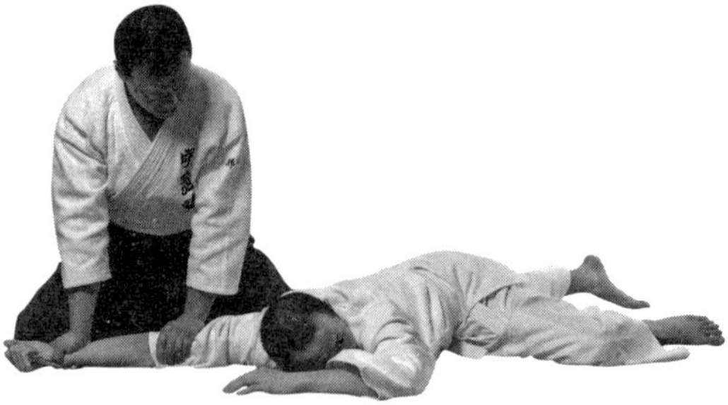

图 3-135

图 3-136

图 3–137

【动作要点】

通过充分地入身，破坏受方的横面打以及身体的平衡，使用第五教的方法抓握受方的腕关节时，要从上方抓握；夺取短刀时，要使受方的手臂和手腕呈曲柄状，借助体重从上方竖直压向手腕，迫使其手掌张开。也可以通过食指指根压迫受方拇指指根的方式夺取短刀。

## 2. 短刀取横面打第五教·里技

里技是控制受方的手腕后,通过转身压下对手手刀的技法。

从上方抓住受方腕关节的要点和表技相同，但之后通过转身协调受方的动作有所不同。

【动作方法】

开始部分处理方法与表技相同，受方抬起持刀手臂时，取方向受方的侧面充分地入身，左手控制受方的右臂，右手攻击其正面，然后右手从上方控制受方的手腕，形成第五教的抓握姿势。左手控制受方的肘，转身的同时砍下受方的右臂，压制受方成俯卧姿势。最后压制、夺取短刀的方法、动作以及要点与表技相同。（图 3–138 ~ 图 3–147）

图 3-138

图 3-139

图 3-140

图 3-141

图 3-142

图 3-143

图 3-144

图 3-145

图 3-146

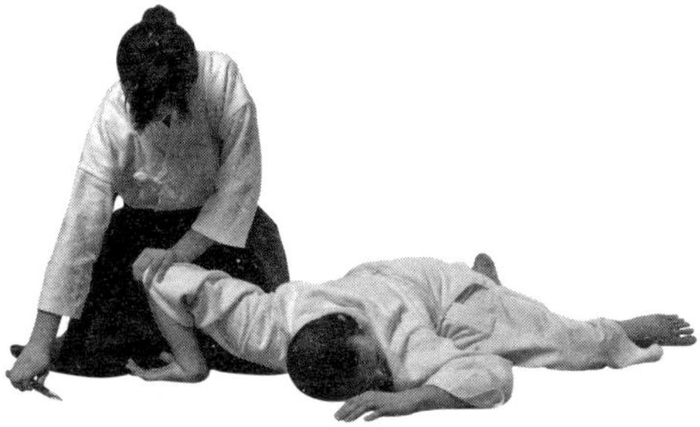

图 3-147

【动作要点】

夺取短刀时，要时刻观察刀刃的朝向，避免受伤。

## 二、短刀突刺小手返

短刀突刺小手返是通过入身化解受方的刺击，折返手掌、腕部摔倒受方，压制受方后通过控制手腕和肩关节夺取短刀的技法。

【动作方法】

取、受双方相半身站立。受方右脚跨前一步成逆半身姿势用短刀刺向取方，取方左脚向前入身到受方的侧面，入身的同时右脚稍稍撤步，离开受方的攻击路线并通过手刀控制受方的手臂。控制受方手臂的手刀顺势滑下，抓住受方的手掌、腕部，通过撤步转身引导受方，然后打开身体，折返受方的手腕使得刀刃朝向受方的面部，在折返手腕的同时，借助右脚上步入身的力量压下其手臂，将受方摔倒在自己的身前。右手压制受方的肘关节，向肘关节弯曲的方向发力，同时左手控制其手腕，使受方翻转身体成俯卧姿势。然后，用膝关节顶住受方手臂，借助体重压迫受方手腕、肘关节迫使受方持刀的手松弛后夺取短刀。（图 3–148 ~ 图 3–157）

图 3–148

图 3–149

图 3–150

图 3–151

图 3–152

图 3-153

图 3-154

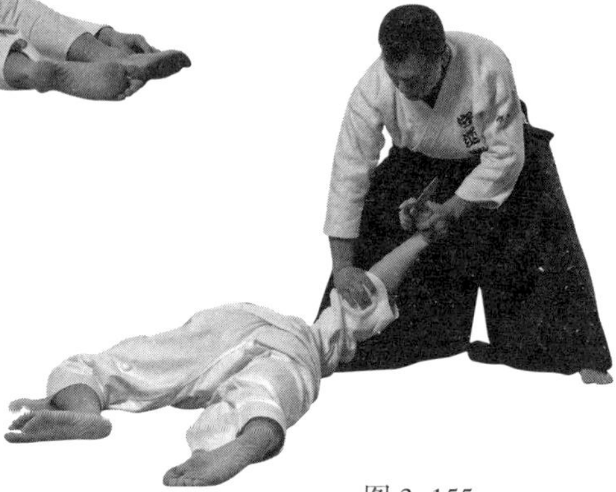

图 3-155

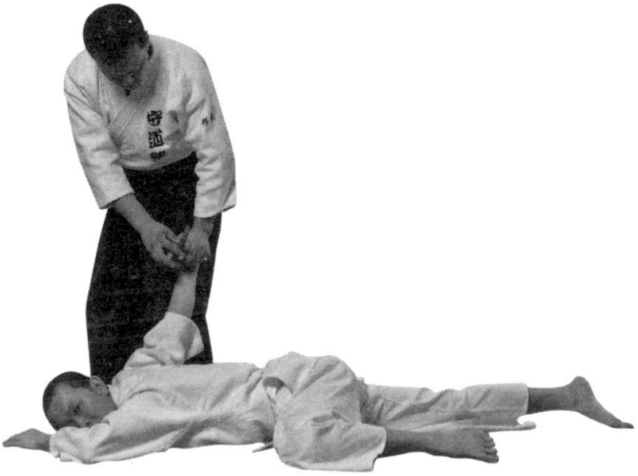

图 3–156

图 3–157

【动作要点】

折返手掌、腕部时，要使短刀的刀刃朝向受方的面部。另外，不要将受方摔向远处，要将其摔倒在自己的身前。

**【注意事项】**

最后夺取短刀时，要注意刀刃的朝向。

由于篇幅的原因，合气道的武器取技法，就简单地为大家介绍到这里。有必要特别强调的是，无论是面对短刀攻击，还是应对其他徒手攻击，除了能够精准娴熟、灵活巧妙地运用技法，在面临攻击时，敢于迎着攻击，冲入对手攻击的死角（对方体侧，对自己有利的位置）化解其身体平衡。

应对突发事件的勇气与自信，还有精湛的技艺都需要在道场中不断地磨炼才能获得。

为了使读者朋友们对合气道技法有初步的认识了解，到这里，我们已经把合气道的基本技法较为完整地介绍给了大家，并且简单介绍了两个武器取技法。而在此之上的高深技法，例如应对各种不同攻击方式的应用技、变化繁多的呼吸投、腰投、武器取技法的短刀取、大刀取、杖取等，留待下一本书再作详细介绍。

开祖把合气道的技法原理比喻为一棵大树被一阵风吹动时的反应过程，一棵大树，当来自不同方向的风吹过来时，树的叶子会做出各自不同的摆动。合气道的技法就像大树的叶子一样，在气流的作用之下，产生出无穷无尽的变化技法。而这无穷尽的自然变化就来自于合气道的基本技法之中。

# 附录：合气道用语

相半身（あいはんみ）

发音：ai-yi-han-mi

逆半身（ぎゃくはんみ）

发音：gia-ku-han-mi

当て身（あてみ）

发音：a-tai-mi

入身（いりみ）

发音：yi-li-mi

回転（かいてん）

发音：kai-ten

転換（てんかん）

发音：ten-kan

転身（てんしん）

发音：ten-xin

取り（とり）

发音：to-li

受け（うけ）

发音：wu-kai

裏技（うらわざ）

发音：wu-la-wa-za

表技（おもてわざ）

发音：o–mou–tai–wa–za

固め技（かためわざ）

发音：ka–ta–mai–wa–za

投げ技（なげわざ）

发音：na–gai–wa–za

投げ固め技

发音：na–gai–ka–ta–mai–wa–za

立ち技（たちわざ）

发音：ta–qi–wa–za

座技（ざぎ）

发音：za–gi

半身半立ち技（はんみはんだちわざ）

发音：han–mi–han–da–qi–wa–za

呼吸法（こきゅうほう）

发音：ko–kiu–hoo

呼吸力（こきゅうりょく）

发音：ko–kiu–lioku

膝行（しっこう）

发音：xi–koo

跪座（きざ）

发音：ki–za

残身（ざんしん）

发音：zan–xin

间合い（まあい）

发音：ma–ai

目付け（めつけ）

　发音：mai-ci-kai

小手（こて）

　发音：kou-tai

胸（むね）

　发音：munai

肩（かた）

　发音：kata

肘（ひじ）

　发音：hiji

足（あし）

　发音：axi

面（めん）

　发音：men

正面（しょうめん）

　发音：xio-men

横面（よこめん）

　发音：yo-ko-men

腰（こし）

　发音：kouxi

片手取り（かたてとり）

　发音：kata-tai-to-li

両手取り（りょうてとり）

　发音：liao-tai-to-li

諸手取り（もろてとり）

　发音：mo-lo-tai-to-li

体捌き（たいさばき）

发音：tai–sa–ba–ki

突き（つき）

发音：ci–ki

打ち（うち）

发音：wu–qi

押さえ（おさえ）

发音：ou–sa–ai

一教（いっきょう）

发音：yi–kiou

二教（にっきょう）

发音：ni–kiou

三教（さんきょう）

发音：san–kiou

四教（よんきょう）

发音：yong–kiou

五教（ごきょう ）

发音：dai gou ki ou

四方投げ（しほうなげ）

发音：xi–hoo–na–gai

入身投げ（いりみなげ）

发音：yi–li–mi–na–gai

天地投げ（てんちなげ）

发音：ten–qi–na–gai

回転投げ（かいてんなげ）

发音：kai–ten–na–gai

小手返し　(こてがえし)

　发音：kou tei gai xi

稽古（けいこ）

　发音：kei-ko

道场（どうじょう）

　发音：dou-jiou

道着（どうぎ）

　发音：dou-gi

开祖（かいそ）大先生（おおせんせい）

　发音：kai-sooo-sen-sai

**参考书目：**

植芝守央. 上达合气道［CD］. 日本国成美堂出版社.

植芝守央. 合气道上达［M］. 日本国成美堂出版社.

# 后 记

合气道进入中国大陆时日尚短。目前，只有北京、上海、广州、武汉、沈阳等大中型城市开设有道馆及部分练习者，合气道运动在我国仍处于发展初期阶段。尤其极度缺乏普及、推广合气道运动的中文书籍。

本书之所以能够付梓，要特别感谢人民体育出版社编辑孔令良老师的大力支持，本书的出版为合气道在国内的推广普及、为爱好武术的读者们能够通过阅读此书对合气道有所认识了解，提供了难得的机会。

此书在编写过程中，为能详实、准确地阐述合气道理论知识，我们查阅、翻译了相关的合气道日文资料，在此，特别感谢焦锋先生对查阅、翻译相关日文资料的支持和帮助。何岱先生友情提供了合气道用语日文名词及拼音注音；感谢摄影师王涛先生的拍摄，感谢郭晟先生、俞至婧小姐的动作示范。